ごみを減らす

Reduce

**Read and Learn
the World in English**

英語で世界を読む、学ぶ

小澤紀美子 著

スーザン・マスト 訳

Reduce

3R

Recycle　Reuse

Jリサーチ出版

はじめに

　みなさんはご自分の住んでいる地域（市・町・村）で各家庭や飲食店などから排出されるごみの量がどれくらいかご存じですか。一人当たり約900グラムです。住んでいる地域で回収の仕方が異なりごみの出る量も違いますので、調べてみてください。

　よく３Ｒ（スリーアール）といわれます。このＲは英語の略字です。そこで第1巻では、３Ｒのうち英語でReduce（ごみを減らす）のことを学びます。まず、出すごみの量を減らさなければなりません。

　英語で学ぶってむずかしいと思いますか？安心してください。この本は、楽しみながら英語をわかっていくようにつくっています。ヒロトとサクラと一緒にごみを減らすことの大切さを学びます。

　大丈夫です。この本では、たくさんのイラスト用いています。イラストを楽しんでいるうちに英語が目から耳から入ってきます。意味が分からない時は、単語リストやページ下の日本語訳も使ってください。自分が楽しめる方法で読んでいきましょう。

　では、なぜ、日本語で学ぶことができる「ごみ」のことを英語で学ぶ必要があるのでしょうか。私たちの暮らしでは、常に「ごみ」を出しています。世界中の国の人々の暮らしからも「ごみ」が出ています。

　「ごみ」を通して、世界の人々の暮らしを想像し、「地球が悲鳴をあげない」ように、毎日の私たちの行動と地球との関係をより良くしていくために学ぶのです。

地球の未来は、この本で学ぶ皆さんの力にかかっています。

東京学芸大学名誉教授　小澤　紀美子

Contents もくじ

音声ダウンロードの方法

 STEP 1

インターネットで「https://audiobook.jp/exchange/jresearch」にアクセス！

※上記の URL を入力いただくか、本ページ記載の QR コードを読み込んでください。

 STEP 2

表示されたページから、audiobook.jp への会員登録ページへ！

※音声のダウンロードには、オーディオブック配信サービス audiobook.jp への会員登録（無料）が必要です。すでに会員の方は STEP3 へお進みください。

 STEP 3

登録後、再度 STEP1 のページにアクセスし、シリアルコードの入力欄に「24826」を入力後、「送信」をクリック！

※作品がライブラリに追加されたと案内が出ます。

STEP 4

必要な音声ファイルをダウンロード！

※スマートフォンやタブレットの場合は、アプリ「audiobook.jp」の案内が出ますので、アプリからご利用ください。

※ PCの場合は「ライブラリ」から音声ファイルをダウンロードしてご利用ください。

 **ご注意！**

● PC からでも、iPhone や Android のスマートフォンやタブレットからでも音声を再生いただけます。

●音声は何度でもダウンロード・再生いただくことができます。

●ダウンロード・アプリのご利用についてのお問い合わせ先
info@febe.jp（受付時間：平日 10 〜 20 時）

この本の使い方

ここで紹介する使い方は一つの例です。
イラストから想像したり、単語や日本語の訳を確認しながら読んだり…
自分にあった読み方で学習しましょう。

登 場 人 物

ヒロト

部屋の片付けは苦手な小学生。
ぎもんに思ったことはしっかり
調べます。

お母さん　　お父さん

サクラ

ヒロトの妹。しっかりものの
小学生。

おじいちゃん　ボランティア

1 まずは、ストーリーのポイントと、キーワードをチェック

音声のトラック番号

ストーリーのポイント
▶お話の流れがまとめられています。

キーワード
▶ストーリーに出てくる大事な単語を
チェック。

2 マンガを読んでヒロトたちが出会うごみの問題を知ろう

マンガの日本語訳は、巻末をチェックしてください。

新しい単語の意味がまとまっています。
※本文で過去形が使われている場合、「現在形(過去形)」で示されています。

3 ストーリーを読み進めよう

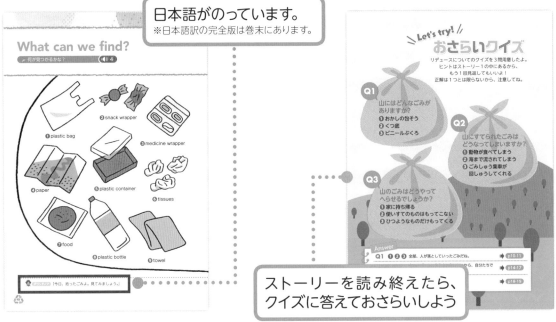

日本語がのっています。
※日本語訳の完全版は巻末にあります。

ストーリーを読み終えたら、
クイズに答えておさらいしよう

🔊 1

What is garbage?
ごみってなに?

ストーリー1のポイント

山登りに出かけたヒロトたちは、
山にごみがたくさんあることにびっくり！
どんなごみが落ちているのかな？
どうしてすてられたのかな？
ごみが落ちているとなんでいけないのかな？
ヒロトたちといっしょに山のごみについて考えてみよう！

キーワード

✓ garbage	ごみ
✓ litter	ポイすてごみ
✓ environment	かんきょう
✓ mountain	山
✓ sea	海
✓ reduce	へらす
✓ pick up	拾う
✓ litter	ポイすてする
✓ fall out	落とす
✓ disposable items	使いすてのもの

Reduce
3R
Recycle
Reuse

Litter in the mountains

Hiroto and Sakura are climbing a mountain with their father.

They meet a woman. She has a garbage bag.
She is a cleanup volunteer.

Why do people litter?

There is a lot of garbage!

There is a lot of garbage. Hiroto, Sakura, and their father are surprised. Why is there garbage on the mountain?

Let's find out about garbage!

What can we find?

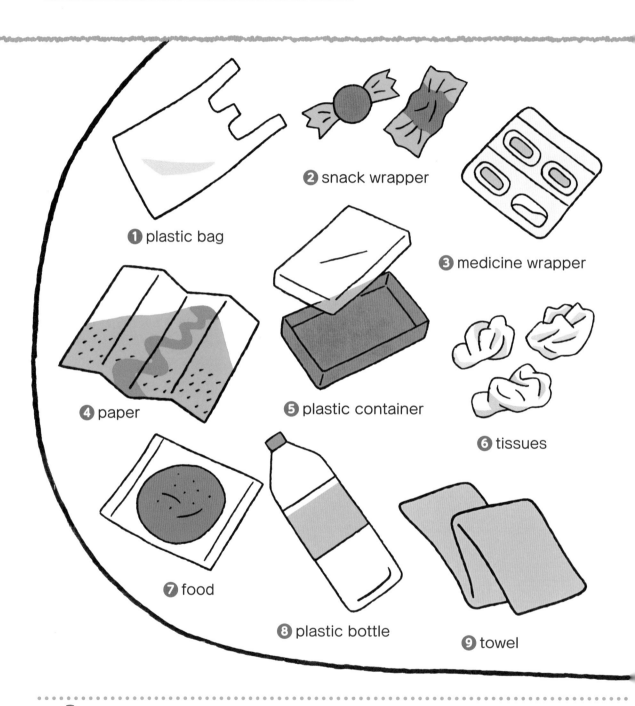

❶ plastic bag

❷ snack wrapper

❸ medicine wrapper

❹ paper

❺ plastic container

❻ tissues

❼ food

❽ plastic bottle

❾ towel

 ボランティア 「今日、拾ったごみよ。見てみましょう。」

I picked up this garbage today. Let's see!

⑩ gloves

⑪ shoe sole

⑫ cap of a walking stick

⑬ cigarette

New Words

🔊 5

● today	………………	今日
● see	…………………	見る
● plastic bag	…………	ビニールぶくろ
● snack wrapper	……	おかしの包そう
● medicine wrapper		くすりの包そう
● paper	………………	紙
● plastic container	…	プラスチックのよう器
● tissues	……………	ティッシュ
● food	………………	たべもの
● plastic bottle	……	ペットボトル
● towel	……………	タオル
● gloves	……………	グローブ
● shoe sole	………	くつ底
● cap	………………	キャップ
● walking stick	……	ウォーキングポール
● cigarette	…………	タバコ

Why do these things become garbage?

How do people leave the garbage here?

The wind blows it.

It falls out of a pocket.

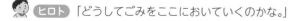

 ヒロト 「どうしてごみをここにおいていくのかな。」

❶ 風が飛ばす。　❷ ポケットから落ちる。

It is broken.

Somebody litters.

Somebody litters garbage carelessly.

New Words

🔊 7

● thing	もの	● fall out of	〜から落ちる
● become	〜になる	● pocket	ポケット
● leave	おいていく	● be broken	こわされる
● wind	風	● somebody	だれか
● blow	飛ばす	● carelessly	うっかりして

 サクラ 「ごみをうっかり落としてしまう人もいるんだね。」

❸こわれる。　❹ポイすてする。

What happens to garbage on the mountain? ①

Why is the garbage a problem on the mountain?

It's bad for the mountain environment.

 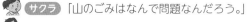 サクラ 「山のごみはなんで問題なんだろう。」

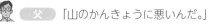 父 「山のかんきょうに悪いんだ。」

Animals eat the garbage.

New Words

🔊9

- happen ·············· 起こる
- problem ·············· 問題
- bad ·············· 悪い

- environment ·········· かんきょう
- animal ·············· 動物
- eat ·············· 食べる

 ヒロト 「動物がごみを食べちゃうね。」

What happens to garbage on the mountain? ❷

Protect sea turtles from garbage!

Many volunteers in Japan pick up garbage on the beach.
They protect sea turtles.
Sea turtles lay their eggs on the beach. If the sea turtles eat garbage, this is very dangerous.

A lot of garbage on the beach

A sea turtle lays its eggs

New Words

🔊 11

● river	川		● protect from	〜から守る
● carry to	〜に運ぶ		● many	たくさんの
● sea	海		● Japan	日本
● fall into	〜に落ちる		● beach	砂浜
● fish	魚		● lay an egg	卵をうむ
● sea turtle	ウミガメ		● if	もしも
● die	死ぬ		● dangerous	危けん

サクラ 「山のごみはなんで問題なんだろう。」

ボランティア 「風と川がごみを海に運んでしまうこともあるの。」

※コラム "Protect sea turtles!" の日本語は P73 を確認してね。

How can we reduce garbage on the mountain?

どうやって山のごみはへらせる？ 🔊 12

We have to reduce garbage on the mountain.
Do you have any ideas?

Only bring necessities.

Carry it back home.

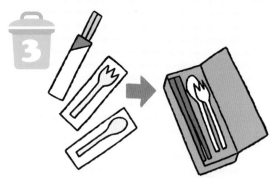

Don't bring disposal items.

ボランティア 「山のごみをへらさなければいけないね。なにかアイデアはあるかな。」

❶ 家に持ち帰る。　❷ 必要なものだけ持ってくる。　❸ 使いすてのものは持ってこない

"Reduce" garbage!

Garbage is bad for the mountain environment.
We have to reduce garbage.
How can we reduce garbage?

If you bring too many things,
you can't notice lost items.

New Words

🔊 13

● **have to** ·············· ～しなければならない	● **bring** ················· 持ってくる	
● **any** ··················· なにか	● **necessities**··········· 必要^{ひつよう}なもの	
● **idea** ················· アイデア	● **disposal item** ······ 使いすてのもの	
● **carry back** ··········· 持ち帰る	● **too many** ··········· 多すぎる	
● **home** ··············· 家	● **notice** ··············· 気付く	
● **only** ················· ～だけを	● **lost item**············· なくしもの	

※コラム "Reduce" garbage! の日本語は P74 ページを確認してね。

Let's try!
おさらいクイズ

リデュースについてのクイズを3問用意したよ。
ヒントはストーリー1の中にあるから、
もう1回見返してもいいよ！
正解は1つとは限らないから、注意してね。

Q1

山にはどんなごみが
ありますか？
1. おかしの包そう
2. くつ底
3. ビニールぶくろ

Q2

山にすてられたごみは
どうなってしまいますか？
1. 動物が食べてしまう
2. 海まで流されてしまう
3. ごみしゅう集車が
   回しゅうしてくれる

Q3

山のごみはどうやって
へらせるでしょうか？
1. 家に持ち帰る
2. 使いすてのものはもってこない
3. ひつようなものだけもってくる

Answer

Q1	❶❷❸	全部、人が落としていったごみだね。 ➡ p10-11
Q2	❶❷	山にはごみしゅう集車は入れないから、自分たちで もちかえらないとね。 ➡ p14-17
Q3	❶❷❸	まずはごみになるものを最小限に！ そして家に持って帰ろう！ ➡ p18-19

Household garbage
家庭ごみ

ストーリー2のポイント

ヒロトは部屋を片付けています。
いらないものをどんどんすてていくヒロトですが、
本当にごみなのかな？
家からでるごみは、最後にどうなるのかな？
どうして、家のごみをへらさないといけないのかな？
ヒロトたちと考えてみよう！

キーワード

- ✓ **household garbage** …… 家庭ごみ
- ✓ **garbage collection** …… ごみかいしゅう
- ✓ **burnable** …………………… 燃える
- ✓ **non-burnable** …………… 燃えない
- ✓ **incineration plant** ……… しょうきゃく場
- ✓ **bury** ………………………… うめる
- ✓ **landfill** …………………… うめ立て地
- ✓ **use up** ……………………… 使い終わる
- ✓ **no longer needed** ……… もういらない
- ✓ **broken** …………………… こわれた

Is this garbage?
Is this not garbage?

I clean up my room.

I help you!

Hiroto's room is a mess. He cleans it up with Sakura.

I don't use these things.

A used notebook, a used eraser, a short pencil, a broken toy, and a book…
Hiroto throws them away.

Are these things really garbage?

I can still use this.

you can use it, too.

These things aren't garbage to their mother. She asks him.

Use only necessities and use them for long time. We can reduce household garbage.

New Words

- room …………… 部屋 🔊16
- mess …………… ちらかっていること
- clean up ………… 片付ける
- help …………… 手伝う
- use…………… 使う
- used …………… 使ってある
- notebook ……… ノート
- eraser ………… 消しごむ
- short…………… 短い
- pencil ………… えんぴつ
- toy…………… おもちゃ
- book…………… 本
- throw away …… すてる
- mother ………… お母さん
- ask…………… 質問する
- really ………… 本当に
- too …………… ～も
- long time ……… 長い間

What is household garbage?

Why did Hiroto think those things are garbage?

It's broken.

He has a new one.

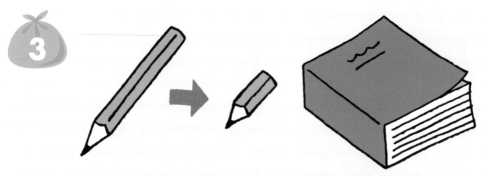

He finised it, or he used it a lot.

❶こわれている。　❷新しいものを持っている。　❸使い終わった、それか、たくさん使ったから。

What is household garbage?

Our things are no longer needed when they are broken, or when we don't use them anymore. In the end, our things turns into "garbage."

> Everything turns into garbage in the end. If we take good care of our things, then we can reduce garbage.

New Words

🔊 18

- **household garbage** ⋯ 家庭ごみ
- **think** ⋯⋯⋯⋯⋯⋯⋯ 考える
- **new one** ⋯⋯⋯⋯⋯ 新しいもの
- **finish** ⋯⋯⋯⋯⋯⋯⋯ 終える
- **a lot** ⋯⋯⋯⋯⋯⋯ たくさん
- **no longer** ⋯⋯⋯⋯ もはや〜しない

- **anymore** ⋯⋯⋯⋯⋯⋯ もう
- **need** ⋯⋯⋯⋯⋯⋯⋯ 必要とする
- **in the end** ⋯⋯⋯⋯ 最後には
- **everything** ⋯⋯⋯⋯ 全てのもの
- **turn into** ⋯⋯⋯⋯⋯ 〜になる
- **take good care of** ⋯ 大切にする

家庭ごみってなんだろう？▶ 私たちのものは、それらがこわれたとき、または私たちがもうそれらを使わなくなった時、これ以上は必要ではなくなります。最後には、全てのものが"ごみ"になります。

 ヒロト 「全てのものが最後、ごみになるんだね。もし、大切にものを使ったらごみをへらすことができるね。」

Where does garbage go?

Where does the household garbage go?

1 Garbage collection

2 Incineration of burnable garbage

3 Non-burnable garbage is buried in a landfill

 ヒロト 「家庭ごみは、どこにいくんだろう？」

❶ごみの回しゅう　❷燃えるごみのしょうきゃく　❸燃えないごみはうめ立て地に埋められる

What is an incineration plant?

photo 1

In an incineration plant, we burn burnable garbage. When garbage is burned, it turns into ashes and the volume of garbage reduces.

photo 2

What is a landfill?

At a landfill, we bury non-burnable garbage.

> When we bury garbage, we need places, too.

New Words

🔊 20

● go	行く	● bury	うめる
● collection	回しゅう	● incineration plant	しょうきゃく場
● incineration	しょうきゃく	● burn	燃やす
● burnable garbage	燃えるごみ	● ash	灰
● non-burnable garbage	燃えないごみ	● volume of	～の量
● landfill	うめ立て地	● place	場所

しょうきゃく場ってなに？➤ しょうきゃく場では燃えるごみを燃やします。ごみは燃やされると灰になり、へります。
うめ立て地ってなに？➤ うめ立て地では、燃えないごみをうめています。

ヒロト 「ごみをうめるには、場所も必要だね。」

写真提供：photo1 photoAC ／ photo2 東京都環境局

What happens to landfills?

Do landfills get full, if we throw away a lot of garbage?

They say it may get full in about 20 years.

 サクラ 「たくさんのごみをすてていたら、うめ立て地はいっぱいになっちゃうのかな？」

 母 「およそ20年間でいっぱいになると言われているわね。」

Find out about your home town's landfill!

You can find out about the landfill of your home town. This information is on your city's website and in its garbage handbook.

Places are limited, so it's important to reduce garbage.

New Words

🔊22

- **get full** .... いっぱいになる
- **say** .... 言う
- **may** .... たぶん
- **about** .... およそ
- **home town** .... 地元
- **information** .... じょうほう
- **city's website** ...... 市のウェブサイト
- **handbook** .... ハンドブック
- **limited** .... かぎりある
- **important** .... 重要

町のうめ立て地を調べよう！ ➤ きみの町にあるうめ立て地を調べられるよ。じょうほうは、市のウェブサイトや市のごみハンドブックにあるよ。

 ヒロト 「場所はかぎられているから、ごみをへらすことが大事なんだね。」

How can we reduce garbage?

We have to reduce garbage. Do you have any ideas?

Don't buy things, when those will become garbage soon.

Use things for a long time.

Exchange things with people.

 母 「ごみをへらさなくてはいけないわね。なにかアイデアはあるかしら？」

❶すぐにごみになる時は、買わない。 ❷ものを長く使う。 ❸人と交かんする。

Don't buy things with
overpackaging.

Don't use plastic bags.

We can these take actions
every day.

New Words

(●)) 24

- **buy** ················· 買う
- **soon** ················· すぐに
- **exchange** ··········· 交かんする
- **overpackaging** ··· たくさん包まれた
- **take action** ········ 行動する
- **every day** ··········· 毎日

❹たくさん包まれたのものは買わない。　❺ビニールぶくろは使わない。

ヒロト「毎日、行動できるね。」

Let's try! おさらいクイズ

リデュースについてのクイズを3問用意したよ。
ヒントはストーリー2の中にあるから、もう1回見返してもいいよ！
正解は1つとは限らないから、注意してね。

Q1 ごみはどれかな？

❶ 短くなったえんぴつ
❷ 読み終わった本
❸ 使いかけのノート

Q2 うめ立て地ってどんなところ？

❶ ごみをしゅう集するところ
❷ ごみを燃やすところ
❸ ごみをうめるところ

Q3 燃やされたごみはどうなるのかな？

❶ 灰が残る
❷ 完全になくなる
❸ 燃えないごみだけ残る

Answer

Q1	正解ナシ	どれも工夫すればまだ使えるからごみではないよ。	➡ p30-31
Q2	❸	①は、ごみすて場とごみしゅう集車の役目、②はしょうきゃく場の役目だよ。	➡ p26-27
Q3	❶	しょうきゃく場で燃やされても、完全にはなくならなくて、灰が残るよ。	➡ p26-27

Food scraps and soil
生ごみと土

ストーリー3のポイント

ヒロトたちは、おじいちゃんから
生ごみは畑にもっていくと聞いて、しつ問でいっぱい。
ごみ箱にはすてないの？
「土にかえる」ってどういうこと？
おじいちゃんが教えてくれる実験、給食の食べのこし、江
戸時代の話から、土の栄養になるごみについて知ろう！

キーワード

- ✓ **food scraps** ——— 生ごみ
- ✓ **field** ——— 畑
- ✓ **turn into soil** ——— 土にかえる
- ✓ **soil nutrient** ——— 土の栄養（養分）
- ✓ **compost** ——— ひりょう
- ✓ **be gone** ——— 消えた
- ✓ **unchanged** ——— かわらない
- ✓ **school lunch** ——— 給食

Reduce
Recycle
3R
Reuse

Aren't food scraps garbage?

Thanks for lunch. We'll help clean up.

Thank you.

Hiroto and Sakura have lunch at their grandfather's house.

I'll take these food scraps out to the field.

To the field?
Don't you throw them
in the trash can?

Their grandfather doesn't throw the food scraps in the trash can. He'll take them out to the field.

This isn't garbage. Food scraps can turn into soil.

Grandfather explains that food scraps can turn into soil. What does this mean?

My friends did an experiment. They turned things into soil.

Tell us about it!

Discovery! ① Experimental method

At an elementary school, students did an experiment. What did they bury?

STEP 1 — Gather the things.

First, gather vegetables, snacks, and a variety of things.

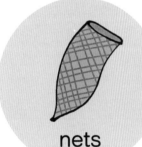

nets

a banana

an onion

an egg

a sheet of paper

a pudding in a plastic container

 祖父 「ある小学校で、生徒たちが実験をしたよ。なにをうめたのかな。」

ステップ❶ ものを集めよう▶ 最初に野菜、おかしなど色々なものを集めてきます。

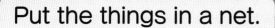

Put the things in a net. — **STEP 2**

STEP 3 — Bury the net in the soil.

1 month later

Dig it up. — **STEP 4**

New Words

🔊29

● **student**	生徒	● **onion**	玉ねぎ
● **gather**	集める	● **egg**	たまご
● **first**	最初に	● **a sheet of**	1枚の
● **vegetable**	野菜	● **pudding**	プリン
● **a variety of**	いろいろな〜	● **put in**	〜にいれる
● **net**	ネット	● **later**	〜後
● **banana**	バナナ	● **dig up**	ほりおこす

ステップ❷ ネットにものを入れます。➡ ステップ❸ そのネットを土にうめます。➡ 1ヵ月後 ➡
ステップ❹ ほり起こします。

Discovery! ❷
Experimental results

What happened to the things in the net?

The banana is gone.

The inside of the onion is gone. The onion skin remains.

 サクラ 「ネットの中のものはどうなったのかな？」

バナナは消えました。／玉ねぎの中身は消えました。玉ねぎの皮は残っています。

The inside of the egg is gone.
The eggshell is in small pieces.

The paper is unchanged.

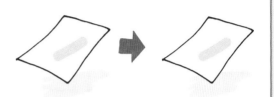

The pudding is gone from its plastic container.
The container is unchanged.

Some things are gone, and the other things are unchanged.

New Words

🔊 31

- **experimental result**……実験の結果(じっけん)
- **be gone** ……………消えた
- **inside of** ……………〜の中身
- **skin** ……………皮
- **remain**……………そのままある

- **eggshell** ……………卵のから
- **small pieces** …………小さいかけら
- **unchanged** …………変わらない
- **other** ……………そのほかの

卵の中身は消えました。卵のからは、小さなかけらになりました。／紙は変化ありませんでした。
プリンはプラスチックよう器から消えました。／よう器は変化ありませんでした。

  「消えたものと、変わらなかったものがあるね。」

 39

Discovery! ③
Thinking about the results

Why are some things gone?
Why are the other things unchanged?

Disappeared things are…

the banana

the inside of an onion

the inside of an egg

the pudding

They disappeared because they turned into soil nutrients.

ヒロト 「なんでいくつかのものは消えたのかな？なんでその他のものは変わらなかったのかな？」

消えたものは… ▶ バナナ、玉ねぎの中身、卵の中身、プリン

祖父 「これらが消えたのは、土の栄養になったからだよ。」

Unchanged things are…

the onion skins

the egg shells

the plastic container

Things turn into soil with different period. Paper and harder parts of foods need a long time.
Plastic can't turn into soil.
Don't put plastic into the soil.

New Words

🔊33

- disappear ………… 消える
- because …………… なぜなら
- nutrient ………… 栄養
- different…………… ことなる

- period ……………… 期間
- harder part ……… かたい部分
- long time ………… 長い時間

変わらなかったものは…　➤　玉ねぎの皮、卵のから、プリンのよう器

 「土にかえる期間もちがうよ。紙や食べ物のかたい部分は長い時間が必要。プラスチックは土にかえらないんだ。プラスチックを土に入れてはいけないね。」

Let's think about school lunch leftovers

▶ 給食の食べ残しを考えてみよう　🔊34

At some places, people use leftovers from school lunches for soil nutrient.

  祖父　「給食の食べ残しを土の栄養（養分）にして使っているところもあるよ。」

1 They collect the leftovers from school lunches.

2 They turn the leftovers into soil nutrients (compost).

3 Farmers use the compost for vegetables.

4 We eat those vegetables in our lunches.

We can't turn all leftovers into compost. At first, we have to reduce leftovers.

New Words

🔊 35

- **leftover** ·············· 食べのこし
- **school lunch** ········ 給食
- **compost** ·············· ひりょう（土の養分）
- **farmer** ················ 農家の人

❶給食の食べ残しを回しゅうする。 ➡ ❷食べ残しを土の栄養（ひりょう）にする。 ➡
❸農家の人は、野菜にそのひりょうを使う。 ➡ ❹給食でその野菜を食べる。

ヒロト 「食べ残し全部をひりょうにできるわけじゃないんだ。まずは食べ残しをへらさなくちゃけないね。」

Garbage during the Edo Period

During the Edo Period, People tried to reduce garbage.

People turned their poop into compost for fields.

 （祖父）「江戸時代の人は、ごみをへらすように取り組んでいたんだよ。人々は、うんちを畑のたいひにしていたよ。」

44

During the Edo Period, people didn't throw away broken things easily.

People repaired broken things and used it for a long time.

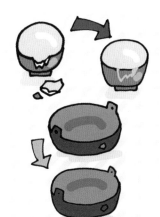

I see. People used things carefully.

New Words

🔊 37

● Edo Period	江戸時代	● easily	簡単に
● during	〜の間	● repair	修理する
● try to	〜に取り組む	● I see.	なるほど。
● poop	うんち	● carefully	気をつけて
● broken	こわれた		

 祖父 「江戸時代の人は、簡単にはこわれたものをすてなかったよ。人々は、修理をして、長く使っていたんだ。」

 サクラ 「なるほど。人々は、ものを大事に使っていたんだね。」

Let's try! おさらいクイズ

リデュースについてのクイズを3問用意したよ。
ヒントはストーリー3の中にあるから、
もう1回見返してもいいよ！

Q1

「土にかえる」って
どういう意味かな？

1 土の栄養（養分）になる
2 ごみになる
3 燃えて灰になる

Q2

土にうめると1ヵ月で
きえてしまうのは
どれかな？

1 卵の中身
2 卵のから
3 プラスチック

Q3

江戸時代の人が畑の
ひりょう（土の養分）に
使っていたのはどれかな？

1 うんち
2 なべ
3 われた茶わん

Answer

Q1	1	土の栄養になったから消えたんだね。	→ p42-43
Q2	3	かたいものが土の養分にかえるのはもっと長い時間が必要で、自然のものではないプラスチックは土にかえらず、いつまでも残ってしまうんだ。	→ p42-43
Q3	1	江戸時代では、うんちを畑のひりょうにして使っていたよ。われた茶わんやなべはしゅうりして使い続けたんだ。	→ p44-45

Food loss and waste
食品ロス

🔊 38

ストーリー4のポイント

買いもの帰りのヒロトとお母さん。
買ってきた食品をしまおうとしたけど、
冷ぞう庫がいっぱい！
よくみると期限切れの牛にゅうや、
あるのをわすれて買ってしまったものまであります。
どれだけの食品が、どうしてすてられてしまうのかな？
いっしょに考えてみよう！

キーワード

✓ food loss and waste	食品ロス
✓ freshness date	賞味期限
✓ expiration date	消費期限
✓ be expired	期限が切れた
✓ unopened	未開ふうの
✓ untouched	手つかずの
✓ grocery	食りょう品
✓ go bad	悪くなる、いたむ

Reduce
Recycle
Reuse
3R

Food garbage in the fridge

冷ぞう庫のなかの食品ごみ　🔊39

Hiroto went shopping with his mother. They try to put the food into the fridge, but the fridge is full.

The milk is expired. They bought more meat, but they still have meat in the fridge.

They have to throw away a lot of untouched food.

My family has a problem of food garbage.
It's such a waste.

New Words

- **fridge** ·················· 冷ぞう庫 🔊40
- **go(went) shopping**···買い物に行く(行った)
- **full** ······················· いっぱい
- **put away** ··········· しまう
- **grocery** ············· 食りょう品
- **organize** ············· 整理する
- **milk** ·················· 牛にゅう
- **be expired**········· 期限の
- **meat**················· 肉
- **more**················· さらに
- **drink**················· 飲む
- **eat**···················· 食べる
- **untouched**········· 手つかずの
- **It's such a waste.** ···もったいない。
- **my** ······················ 私の
- **family** ··············· 家族

The problem of "food loss and waste"

 「食品ロス」の問題　　🔊 41

> Let's look at the photo.
> We throw away so much food.

Vegetables and fruits

photo: food loss and waste

Unopened food products

ヒロト 「写真をみてみよう。こんなにたくさんの食品をすててるんだね。」

未開ふうの食品／野菜やくだもの

画像提供：京都府立大学大学院　山川肇／撮影：スタジオ北山山荘　神谷潔

What is "Food loss and waste?"

At the photo, we can find untouched food and unopened food.
About 50 households threw away this food in 2 days.
Such food garbage is called "food loss and waste. "

Leftover food is also "food loss and waste"

New Words

🔊 42

- **food loss and waste**······ 食品ロス
- **look at**························ 〜を見る
- **photo** ······················· 写真
- **unopened** ················· 未開ふう

- **food product** ······ 食品
- **fruit** ····················· くだもの
- **household** ············ 家庭
- **be called for**········· 〜と言われる

👩 母 「食べ残しの食べものも"食品ロス"なのよ。」

※コラム What is "Food loss and waste?" の日本語は P83 を確認してね。

How much food do we waste?

How much food do we throw away?
Let's look at the data.

Data on food loss and waste in Japan

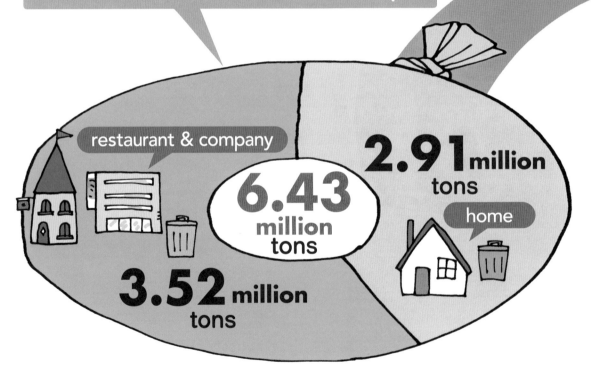

restaurant & company

6.43 million tons

2.91 million tons

home

3.52 million tons

ヒロト 「どれくらいの食べものをすてているんだろう？グラフを見てみよう。」

日本の食品ロスのデータ ➤ 2018年643万トン（家庭291万トン／会社やレストラン352万トン）

※グラフ出典：農林水産省平成28年度データ

The amount of food loss and waste

Each person throws away 51 kilograms of food in a year. We throw away 139 grams of food every day. 139 grams is the same amount as one bowl of rice.

> I didn't know that we throw away so much food.

New Words

🔊 44

● How much	どれくらい	● company	会社	
● waste	むだにする	● restaurant	レストラン	
● data	データ	● amount of	〜の量(りょう)	
● Japan	日本	● same	同じ	
● million	百万	● know	知っている	
● ton	トン (重さの単位)			

 母 「こんなにたくさんの食べものをすてているなんて、知らなかったわ。」

※コラム "The amount of food waste per person" の日本語は P83 を確認してね。

Why do people throw away food?

食品ロスはなぜ出てしまうんだろう？　45

Let's think about the reasons for food waste.

At a store

They buy too much.

They forget their stocks and buy same things.

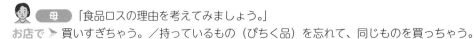

母　「食品ロスの理由を考えてみましょう。」

お店で　買いすぎちゃう。／持っているもの（びちく品）を忘れて、同じものを買っちゃう。

At home

They can't finish all the food and leave leftovers.

They leave food and the food goes bad.

They throw away partially used food products.

We have to think about food waste at home and at a store.

New Words

🔊46

- **reason** ·················· 理由
- **at** ····················· ～で
- **store** ················· お店
- **too much** ·········· ～すぎる
- **forget** ·············· わすれる
- **stock** ············· 持っているもの (びちく品)
- **same** ············· 同じ
- **go bad** ·········· 悪くなる
- **partially used** ··· 使いかけの

家で ➤ 食べきれなくて、食べ残しちゃう。／食べものを放置して、傷んでしまう。／使いかけの食品をすててしまう。

 ヒロト 「食品ロスについて、家でもお店でも考えなければいけないね。」

How can we reduce food loss and waste?

食品ロスはどうやってへらせるのかな？ 🔊47

How can we reduce food loss and waste? Let's think your ideas!

At a store

1

Check your stocks in the fridge before you go shopping.

- -

2

Only buy as much as you need.

At school

Only take as much as you can eat.

 ヒロト 「食品ロスはどうやってへらせるのかな？アイデアを考えてみよう。」

買いもので ➤ ❶買い物前に、冷ぞう庫にあるものを調べよう。 ❷ 必要な分だけ買おう。
学校で ➤ ❶食べれる分だけよそおう。

At home

1 First use the older items.

2 Store groceries in the right way.

3 Use them up.

4 Know the difference between a freshness date and an expiration date.

Freshness dates and expiration dates

Freshness date: It tastes better before this date.
Expiration date: It is safe to eat before this date.

> If we know the difference, we can reduce food waste.

New Words

🔊48

- **check** ……………調べる
- **before** ………………～の前
- **as much as**…………～と同じ量
- **take** ………………取る
- **older item** …………より古いもの
- **store**………………保存する
- **right way** …………正しい方法

- **use up** ……………使いきる
- **difference** …………ちがい
- **freshness date**……賞味期限（しょうみきげん）
- **expiration date** …消費期限（しょうひきげん）
- **date** ………………日付
- **safe to** ……………～するのに安全な
- **taste better** ………よりおいしい

家で ➤ ❶古いものから使おう。 ❷食品は正しい方法で保存しよう。 ❸使い切ろう。
❹賞味期限（しょうみきげん）と消費期限（しょうひきげん）のちがいを知ろう。
賞味期限と消費期限 ➤ **賞味期限**：おいしく食べられる期限のこと／**消費期限**：安全に食べられる期限のこと

 ヒロト 「このちがいを知っていれば、食品ロスをへらせるね。」

Let's try! おさらいクイズ

リデュースについてのクイズを3問用意したよ。
ヒントはストーリー4の中にあるから、もう一回見返してもいいよ！

Q1 「食品ロス」ってなんだろう？

❶ おかしの包み紙
❷ 元々食べられたはずなのにすてられた
　 食品のごみ
❸ 魚のほねなど生ごみ

Q2 次のうち、「食品ロス」はどれかな？

❶ 給食のたべのこし
❷ 期限切れの牛乳
❸ いたんでしまったお肉

牛乳

Q3 賞味期限の意味はどっちかな？

❶ おいしく食べられる期限
❷ 安全に食べられる期限

Answer

Q1	❷	食品ロス (food loss and waste) には、手つかずの ままですてられた食品や食べ残しなどがあるよ。	➡ p50-51
Q2	全部	どれも元々は食べられるのに、食べきれなかったり、 使いきれなくてすてることになったものだね。	➡ p54-55
Q3	❶	②は消費期限のことで、牛にゅうやお肉などいたみや すいものがあてはまるよ。	➡ p56-57

3R とリデュースについて

学習のまとめをしたいみなさんや、
ごみ問題と３Ｒのリデュースについて
もっとくわしく知りたい
みなさんのために日本語で説明します。
ぜひ自分でも調べてみてください。

３Ｒとごみの問題

●３Ｒの意味

３Ｒとは、**Reduce**（ごみを減らす）、**Reuse**（ごみを再利用する）、
Recycle（ごみを資源にする）のことです。まず「Reduce」、つまり、ごみをつくらない、出さない、減らしていくことを学びます。

●ごみが増え続けることの問題

　この本では、次の４つのストーリーからごみが増えることの問題を考えていきます。

　ストーリー１では、登山やハイキングでもごみが出ていて、そのごみによって山の環境が悪くなること、山の生き物が、登山客が残していったモノを食べてしまうことがあげられました。人間が残していったモノは、本来の動物のエサではないのです。さらに山の中に落とした、あるいは知らずに捨てたごみが川から海まで流されて、海まで汚し、そして魚やウミガメがゴミを食べてし

まうかもしれないという問題について学びます。

ストーリー2では、出された家庭ごみの行方とごみを燃やす処理を学び、埋立地がいっぱいになっていくこと、そしてごみを減らすことの大切さを考えます。

そして、**ストーリー3**では、生ごみは土の養分になることや、現代にはプラスチックなど土にかえらないごみがあることを学びます。

最後の**ストーリー4**では、手つかずの食品がたくさん出されていることから、食品ロスを減らすことを考えていきました。京都市と京都大学の調査※では、長年、燃やすごみが**どのような材料でできているか**を分析しています。その中の40％以上が生ごみ（食べ物）で占められていました。さらにおどろくのは、その生ごみの中の40％以上が手つかずの食品でした。このことをみなさんは「どう考え」ますか。

ごみが増え続けると、動物や自然の環境に悪い影響をおよぼしたり、うめ立て地がなくなってごみの処理にこまってしまうことになります。新しいうめ立て地をつくると多くの自然が失われることにもなります。なので、**なによりもごみを減らしていく努力が大事なのです。**

※出典：国民生活 2018.8「京都市における食品ロス削減の取り組み」より

そのほかのリデュースについて

●リデュースについて
　　もっとくわしく知りたい人へ

　モノをつくるには、材料＝資源とエネルギーが必要です。実は、リデュースはごみのリデュース以外にも、「資源のリデュース」や「エネルギーのリデュース」にもなるのです。

　今、世界では地球温暖化や地球上の資源がなくなっていくこと（少し難しい言葉で「資源の枯渇」といいます）などが問題になっています。

　「資源」は自然からとれる、いろいろなモノの材料となるもので、石油や水、食材となる魚などのことです。「エネルギー」は、電気や熱などの力のことで、資源を使ってエネルギーが作られます。大事なのは、資源は限りあるものだということです。そこで3Rの学習を通して、地球上の資源を有効に利用してくりかえし用いていくこと（循環）が大切なのです。

●日本で使う外国の資源

　私たちはたくさんのモノをつくって便利な生活をしてきました。モノをつくる材料（つまり資源）は日本の中でつくられているとは限りません。他の国の資源も使われています。例えば、パンの材料は小麦です。でも日本の小麦はみなさんが毎朝食べられるだけの量がつくられていません。天ぷらうどんは日本の料理ですが、衣用の小麦も外国産で、エビも海外でとられていることがほとんどです。このように私たちは海外の資源も毎日使っています。

ストーリー4では食品ロスについて学びました。私たちが食べ
きれなくて捨てた食品は、外国の資源をむだにしていることにも
なります。

●ごみの処理とリデュースの資源

　　日本のごみの処理は地域のごみしょうきゃく場で燃やされる
処分をされているのです。燃やすためには資源が必要で、これも
ごみが増えるほど多く使わなければなりませんので、資源の枯渇
につながります。さらに燃やすほど、地球温暖化を進める二酸化
炭素もでてしまいます。

　　ですから資源をむだにしない、エネルギーをむだにしないため
にも3Rのことを学びます。まず、「ごみをつくらない、出さない、
ごみを減らす」ことを学びましょう。

What is garbage?
ごみってなに？

　ストーリー１では、山登りにいったヒロトたちがごみ拾いボランティアの女性と出会います。彼女が拾ったごみから、山のごみ問題を考えました。

　日本の多くの山には、登山客が守らなくてはいけないルールがあります。一番大事なルールは、<u>「ごみは捨（す）てずに持ち帰る」</u>ことです。このルールは山の環境（かんきょう）を守るためにとても大事なことです。にもかかわらず、ごみがうまれてしまうのはどうしてでしょうか。

　ぽい捨（す）てだったり、わざと捨（す）てられるものもあれば、風に飛ばされたり、こわれてしまったり、うっかり落としてしまうものもあります。私は昔、日本一きれいな川に行ったことがあります。その川の真ん中には砂地があり、そこに木がありました。木に白い花がさいていると思って近づいてみると、枝（えだ）の先にビニールぶくろがぶら下がっていてびっくりしたことがありました。

　ごみは、山の環境（かんきょう）を悪くします。山だけでなく、風に飛ばされたビニール袋は川に落ち、そのまま海に流されてしまいます。海のごみは、世界中で大きな環境（かんきょう）問題の一つでもあります。

　山のごみを減（へ）らすにはどうしたらいいでしょうか。ぽい捨（す）てはもちろんだめです。山にたくさんものを持ち込んだら、なくなってしまっても気付きません。**<u>必要（ひつよう）なものだけ、なるべくごみが出ないようにまとめて持っていくことが大事です。</u>**

Household garbage
家庭ごみ

　部屋の片付けでなんでも捨てようとするヒロトたちと家庭からでるごみについて考えました。

　こわれたモノは**修理して使えます**。アメリカのまちの本屋さんにはused book として中古の本が売られていました。このように工夫して**長く使うこと**が大切です。みなさんは小さいときに読んだ絵本や本はどうしていますか。地域のエコマルシェで「本のかえっこ」もできますね。**使い捨てにしないで**交かんするのもいいでしょう。そして大切なことは、**使い切ること**ですね。キッチンからでるごみも家庭ごみのひとつです。調理する時に野菜の葉や皮も使い切ることや、買いもの前に冷ぞう庫の中身をチェックして必要なものだけを買うこと、ビニールぶくろは使わずエコバックを持っていくことが大事です。

　家庭からのごみは、回収されて燃やされます。**燃やしても灰が出てごみはゼロにはなりません**。燃やせないごみはうめ立てられます。すでにうめ立てが終わったうめ立て地もあります。あとどれくらいうめ立てできるかは、残余年数（残り年数の予測）ではかります。ごみを減らしたり、うめ立ての技術が向上すると残余年数が増えるので、まず、ごみを減らしていく一人ひとりの取り組みが大切なのです。

Food scraps and soil
生ごみと土

● 「土にかえる」ごみと「かえらない」ごみ

ストーリー3では、「土にかえる」ごみと「かえらない」ごみについて考えました。

「土にかえる」とは、土の養分になることです。多くの食べものは、土にうめることで土の養分（ひりょう）となります。学校の給食で食べ残したもの（残さい）を、農家の野菜を育てるひりょうに使っている例もしょうかいしました。

しかし、それにも限界があります。家庭から出るごみには土にかえらないものが含まれていたり、食品の残さい以外のもが含まれていてひりょうにするのが難しいのです。

一方で「ひりょうになるのにとても長い時間がかかる」ものや「ひりょうにならない」食品ごみもあります。家庭から出るごみが何でできているのか、調べてみてください。食品を入れたプラスチックのトレイや、それを包んでいるラップも土にはかえりません。包装によって守られている食品もあるのですが、あまりにも多すぎる包装はいらないですね。

食べもののごみを減らすための工夫では、調理した後に残る「生ごみ」などは、十分に水切れして出すことも大切です。

Food scraps and soil
生ごみと土

●江戸時代（えど）の生活とごみ

　ストーリー3では、江戸（えど）時代の生活についても学習しましたね。江戸時代の人は、はいせつ物（うんち）を畑のひりょうに活用していました。

　そのほかにも、生活全体がエコだったといわれています。まず、生活用品の材料（ざいりょう）はそれほど複雑（ふくざつ）につくられていませんでした。ですので、こわれたら修理（しゅうり）をして使うことができました。さらに、いらないものを買い集めて売る仕事もたくさんありました。例え（たと）ば、古着を買い取って売る商売、すりへった下駄（げた）の歯を入れかえる人、われた瀬戸物（せともの）を修理（しゅうり）する専門の人もいたのです。提灯（ちょうちん）の破（やぶ）れを修理（しゅうり）する張替屋（はりかえや）さんもいました。

　こうした江戸（えど）時代の生活とくらべると、現代（げんだい）の私たちが修理（しゅうり）して使える生活用品は少なくなっています。

ストーリー❹のまとめと解説

Food loss and waste
食品ロス

　ストーリー４では、食品ロスについて学びます。食品ロスとは、**元々食べられるはずだったのに捨てられてしまった食品や、食べ残しのごみ**を意味しています。

　日本人の暮らしから出るごみの４割が食品ごみです。なぜ、食品ごみが多く出るのか、さらにお店から買ってきたまま手つかずで捨てられる未開ふうの食品ごみが出るのか考えます。

　日本では、食品に「消費期限」と「賞味期限」という２つの期限があります。未開ふうのまま、書かれた保存方法を守っていた場合に、「安全に食べられる期限」のことを「消費期限」、「**品質が変わらずにおいしく食べられる期限**」のことを「賞味期限」といいます。このちがいをきちんと理解して、食品ロスを減らしていかなければなりません。

　ところで日本[1]の食品ロス（フードロス）の定義と、外国[2]で使われている定義は少し異なります。この本では、英語でfood loss and wasteと用いています。外国の定義では、food lossは、消費者に届く前の食品ごみで、food wasteは消費者が出す食品ごみとなっています。日本の食品ロスの中には、レストランや商品にするための途中の処理でもだされる食品ごみが含まれていますので、food loss and wasteと用いています。

※1　出典：農林水産省の食品ロスに関する英語版 HP 参照 (https://www.maff.go.jp/e/policies/env/frecycle.html)
※2　出典：国際連合食糧農業機関 (FAO) (http://www.fao.org/food-loss-and-food-waste/en/)

リデュースのアイデア

最後にごみを減らすアイデアをおさらいしましょう。リデュースはみなさんの毎日の生活の中で取り組むことが大切です。このほかにも、いろいろなアイデアを考えて、行動してみましょう。

山で（おでかけの時）

- 使い捨てのものは使わない
- 必要なものだけ持っていく
- 持ち帰る

家で

- 使わなくなったものは必要な人と交かんする
- 修理して使う
- すぐに捨ててしまうものは買わない
- 生ごみは水切りをしてだす

買いもので

- 買いもの前にあるものをチェックする
- 必要なものを必要なだけ買う
- 使い捨てのものは買わない
- たくさん包装されている商品は買わない
- エコバックを持っていく

食べもののごみ

- 食材や調味料は使い切る
- 野菜の葉や皮も料理にする
- 食べられる分だけよそう
- 残った料理はアレンジして食べきる
- 消費期限と賞味期限のちがいを知る

子どもたちに身近な内容が，英語学習への興味につながる

山崎 祐一（長崎県立大学教授，小学校英語教育学会理事，小中学校英語教科書著作編集者）

2011年度より小学校で外国語活動が必修化され，小学校において事実上の英語教育が始まりました。小学校英語教育に関しては，早期に外国語を学ぶことの利点が主張される一方で，日本語が定着していない子どもに英語を教えていいのかという議論が展開されたり，教師と児童のさらなる負担が不安視されたりするなど，長い間賛否両論の意見が交わされてきました。そして時代の流れとともに，いよいよ2020年度より英語が小学校で教科化されることになりました。このことは，我が国の英語教育の歴史上，最大の変革と言っても過言ではありません。

特に5～6年生では，外国語による4技能（聞くこと，読むこと，話すこと，書くこと）の言語活動を通して，コミュニケーションを図る基礎となる資質や能力を育成することを目指します。また，外国語の背景にある文化に対する理解を深め，他者に配慮しながら主体的に外国語を用いてコミュニケーションを図ろうとする態度を養います。

教科になると，音声に重きを置きながらも，読むこと，書くことへの慣れ親しみも大切にしていきます。しかし，単に単語や文構造を暗記するだけでは，子どもたちの思考にはあまり働きかけません。知識や技能の習得と，それを活用する言語活動が必要です。それには，授業の内容を「身近」で「自分に直接関連するもの」として捉えることが重要です。自然・社会・科学・生物・スポーツ・文化などの身近で親しみやすい内容で，子どもたちの頭の中をいっぱいにしてあげるのです。身近な題材だからこそ，「尋ねたい」「伝えたい」といういう積極的な気持ちが生まれるのです。例えば，リーディング教材では，読解だけに終わらず，対話的な言語活動を促し，その内容について発問の工夫をしながら，主体的に学ぶ意識や英語で発信する力の強化にもつないでいくことができます。英語表現をただ覚えるだけではなく，知的レベルに合わせたリーディングを通して，子どもたちを身近なテーマに巻き込み，内容を呼び覚ますことが，思考や深い学びにつながっていきます。

教師や保護者は「子どもたちに英語を教えて，将来子どもたちにどうして欲しいのか」についてしっかりと認識しておくべきです。外国語を学ぶことで子どもたちは「新しい視点」を得ます。1つの世界を2つの視点から見て，子どもたちはもっと楽しく面白く生きていくことができます。また，外国語を学びながら，これまで無意識だった日本語や日本文化を再確認することもできます。教師・保護者自身が広い視野と柔軟性を持ち，子どもたちが英語でコミュニケーションをとることの楽しさと喜びを感じられるような指導方法や教材選びに意識を向けておくことが大切です。

子どもたちは外国語を学ぶと同時に，世界の生活や文化に興味を持ち，諸外国の人々の価値観を認め，協調して生きていこうとする態度を養う努力を怠らないことが重要です。そして，そのことは遠い外国の人たちのことだけでなく，実は，教室で今となりに座っている異なる考え方を持つ友だちのことも理解し，認め，お互いに分かりあえる素適な方法であるということに，子どもたち自身が気づくことにもつながっていくのではないでしょうか。

著者紹介

小澤 紀美子 著

（株）日立製作所システム開発研究所研究員、東京学芸大学・同大学院研究科教授を経て、現在は東京学芸大学名誉教授、東海大学大学院客員教授、こども環境学会元会長・理事。コカ・コーラ教育・環境財団理事。専門分野は環境教育学。編著書は『これからの環境学習―まちはこどものワンダーらんど』（風土社）、『子どもの・若者の参画』（萌文社）、『児童心理学の進歩 2005 年版「環境教育」』（金子書房）、『持続可能な社会を創る環境教育論』（東海大学出版会）など多数。

訳者紹介

スーザン・マスト 訳

オハイオ州立大学大学院日本語言語学修士号を取得。元立命館大学英語講師、元オハイオ州立大学日本語講師。

英語で地球をわくわく探検

みんなで取り組む3R ① ～ごみを減らす Reduce（リデュース）～

令和2年（2020年）　5月10日　　　初版第1刷発行

- ●カバーデザイン・扉、単語集デザイン………株式会社デジカル
- ●本文デザイン・DTP……………………………広瀬恵美
- ●カバーイラスト……………………………………SMILES FACTORY
- ●本文イラスト……………………………………SMILES FACTORY（4コママンガ）／
  わたなべじゅんじ（ストーリー1,2）／林幸（ストーリー3,4）

著　者　　小澤　紀美子
発行人　　福田　富与

発行所　　有限会社 Jリサーチ出版

〒166-0002 東京都杉並区高円寺北2-29-14-705
電　話　03（6808）8801（代）
ＦＡＸ　03（6808）8806
https://www.jresearch.co.jp

印刷所　　（株）シナノ パブリッシング プレス

本書へのご意見・ご感想は下記 URL までお寄せください。
https://www.co.jp/contact/

ISBN978-4-86392-482-6
禁無断転載。なお、乱丁・落丁はお取り替えいたします。

ストーリー❶　ごみってなに？

8-9 ページ　タイトル 山に落ちているもの

1コマ目

ナレーション
ヒロトとサクラはお父さんと山登りをしています。

ヒロト
見て！　花をみつけたよ！

サクラ
鳥が鳴いているね。

2コマ目

ナレーション
彼らはごみぶくろをもっている女の人に会います。彼女はせいそうボランティアです。

ヒロト
こんにちは、なにをやっているんですか？

ボランティア
こんにちは、ごみを拾っているんです。

3コマ目

ナレーション
ごみがたくさんあります。ヒロト、サクラ、そしてお父さんはおどろきます。なんで山にごみがあるのでしょうか？

ヒロト
こんなにたくさんのごみがあるの！？

サクラ
どうしてすてちゃうんだろう？

4コマ目

ボランティア
ごみについていっしょに調べましょう！

ボランティア

今日拾ったごみよ。見てみましょう！

① ビニール袋
② おかしの包そう
③ 薬の包そう
④ 紙類
⑤ プラスチックのよう器
⑥ ティッシュペーパー
⑦ たべもの
⑧ ペットボトル
⑨ タオル
⑩ 手袋
⑪ くつ底
⑫ ウォーキングポールのキャップ
⑬ タバコ

ヒロト

どうしてごみをここにおいていくのかな？

①風が飛ばす。
②ポケットから落ちる。
③こわれる。
④だれかがポイすてする。

サクラ

ごみをうっかり落としてしまう人もいるんだね。

タイトル **山のごみはどうなってしまうの？ ❶**

サクラ
山のごみはなんで問題なんだろう。

父
山のかんきょうに悪いんだ。

ヒロト
動物が食べちゃうよ。

タイトル **山のごみはどうなってしまうの？ ❷**

サクラ
山のごみはなんで問題なんだろう。

ボランティア
風と川がごみを海に運んでしまうこともあるの。

①風が飛ばす。
②ごみが川に落ちる。
③川がごみを海へと運ぶ。
④魚やウミガメがそれを食べてしまう。

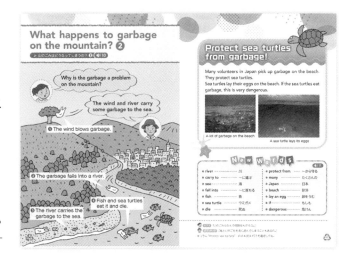

コラム ごみから海がめを守れ！
日本の多くのボランティアが、砂浜のごみ拾いをします。これは、ウミガメの命を守るための活動です。ウミガメは砂浜で産卵します。もしもウミガメがごみを食べてしまったら、とても危ないのです。

写真の説明 ウミガメが産卵している　写真の説明 砂はまの大量のごみ

どうやって山のごみはへらせるかな？

ボランティア

山のごみをへらさなければいけない
ね。なにかアイデアはあるかな。

①ごみは家に持ち帰る。
②必要なものだけ持ってくる。
③使いすてのものは持ってこない。

コラム　ごみを " へらそう " ！

ごみは山のかんきょうによくないで
す。まずは、私たちはごみをへらさ
なくてはなりません。
どうやってごみをへらせるでしょう
か？　考えてみましょう。

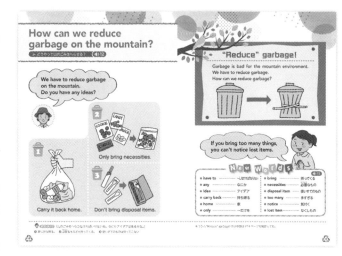

サクラ

もしたくさんごみをもってきたら、落としものに気付けないかもしれないね。

Is this garbage?
Is this not garbage?

それはごみ？ごみじゃない？ 🔊15

I clean up my room.

I help you!

Hiroto's room is a mess. He cleans it up with Sakura.

I don't use these things.

A used notebook, a used eraser, a short pencil, a broken toy, and a book... Hiroto throws them away.

Are these things really garbage?

I can still use this.

you can use it, too.

These things aren't garbage to their mother. She asks him.

Use only necessities and use them for long time. We can reduce household garbage.

New Words 🔊16

- room ·············· 部屋
- mess ·············· ちらかっていること
- clean up ········· 片付ける
- help ·············· 手伝う
- use ·············· 使う
- used ·············· 使ってある
- notebook ········ ノート
- eraser ·········· 消しごむ
- short ·············· 短い
- pencil ·········· えんぴつ
- toy ·············· おもちゃ
- book ·············· 本
- throw away ····· すてる
- mother ·········· お母さん
- ask ·············· 質問する
- really ·········· 本当に
- too ·············· 〜も
- long time ······· 長い間

22-23 ページ　タイトル　それはごみ？ごみじゃない？

1コマ目

ナレーション
ヒロトの部屋は散らかっています。彼は、サクラといっしょに片付けます。

ヒロト
部屋を片付けるよ。

サクラ
私も手伝うよ！

2コマ目

ナレーション
使ったノートに消しゴム、短いえんぴつ、こわれたおもちゃ、そして本…ヒロトは全部すててしまいます。

ヒロト
これは使わないなあ。

3コマ目

ナレーション
これらのものはお母さんにとってはごみではありません。お母さんはヒロトにしつ問します。

母
これは本当にごみなのかな？

ヒロト
これはまだ使えるね。

ヒロト
これも使えるよ。

4コマ目

母
必要なものだけを、ずっと使いましょう。家庭ごみをへらせるわね。

タイトル 家庭ごみってなに？

母

ヒロトがそれらのものをごみだと考えたのはなんでかな？

①こわれている。
②新しいものを持っている。
③使い終わった、それか、たくさん使ったから。

- -

コラム 家庭ごみってなんだろう？

私たちのものは、それらがこわれたとき、または私たちがもうそれらを使わなくなった時、これ以上は必要ではなくなります。最後には、全てのものが"ごみ"になります。

- -

ヒロト

全てのものが最後、ごみになるんだね。もし、大切にものを使ったらごみをへらすことができるね。

タイトル ごみはどこに行くのかな？

ヒロト

家から出たごみは、どこにいくんだろう？

①ごみの回しゅう
②燃えるごみのしょうきゃく
③燃えないごみはうめ立て地にうめられる

- -

コラム しょうきゃく場ってなに？

しょうきゃく場では燃えるごみを燃やします。ごみは燃やされると灰になり、へります。

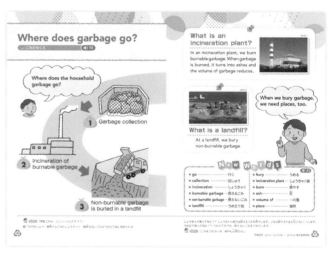

- -

コラム うめ立て地ってなに？

うめ立て地では、燃えないごみをうめています。

- -

ヒロト

ごみをうめるには、場所も必要だね。

タイトル うめ立て地はどうなってしまうの？

サクラ

たくさんのごみをすてていたら、うめ立て地はいっぱいになっちゃうのかな？

母

およそ20年間でいっぱいになると言われているわね。

- -

コラム 町のうめ立て地を調べよう！

きみの町にあるうめ立て地を調べられるよ。じょうほうは、市のウェブサイトや市のごみハンドブックにあるよ。

ヒロト

場所はかぎられているから、ごみをへらすことが大事なんだね。

タイトル どうやってごみをへらせるかな？

母

ごみをへらさなくてはいけないわね。なにかアイデアはあるかしら？

①すぐにごみになる時は、買わない。
②ものを長く使う。
③人と交換する。
④たくさん包まれたものは買わない。
⑤ビニールぶくろは使わない。

ヒロト

毎日、行動できるね。

生ごみと土

Aren't food scraps garbage?

▶ 生ごみは、ごみじゃない？　🔊26

Thank you.

Thanks for lunch. We'll help clean up.

Hiroto and Sakura have lunch at their grandfather's house.

I'll take these food scraps out to the field.

To the field?
Don't you throw them in the trash can?

Their grandfather doesn't throw the food scraps in the trash can. He'll take them out to the field.

This isn't garbage. Food scraps can turn into soil.

Grandfather explains that food scraps can turn into soil. What does this mean?

My friends did an experiment. They turned things into soil.

Tell us about it!

New Words

- food scraps ……… 生ごみ　🔊27
- have lunch ………… お昼ごはんを食べる
- grandfather ……… おじいちゃん
- house …………… 家
- Thank you.……… ありがとう。
- trash can ………… ゴミ箱
- take out ………… 持ち出す
- field …………… 畑
- explain ………… 説明する
- soil …………… 土
- mean ………… 〜を意味する
- experiment ……… 実験
- tell …………… 話す

34-35ページ　タイトル 生ごみは、ごみじゃない？

1コマ目

ナレーション
ヒロトとサクラはおじいちゃんの家でお昼ごはんを食べます。

ヒロト　サクラ
お昼ごはん、ごちそうさま。片付けを手伝うね。

祖父
ありがとう。

2コマ目

ナレーション
おじいちゃんは生ごみをごみ箱にすてません。畑にもっていこうとします。

祖父
生ごみを畑にもっていくよ。

ヒロト
畑に？　ごみ箱にすてないの？

3コマ目

ナレーション
おじいちゃんは、生ごみは土にかえす事ができると説明します。どういう意味なんでしょうか。

4コマ目

祖父
友だちがある実験をやったんだ。彼らはものを土にかえしたんだよ。

ヒロト　サクラ
それについて教えて！

タイトル 発見！❶ 実験の方法

祖父

ある小学校で、生徒たちが実験をしたよ。なにをうめたのかな。

ステップ 1 ものを集めよう

最初に野菜、おかしなど色々なものを集めてきます。

ネット／バナナ／玉ねぎ卵／紙／
プラスチックのよう器に入ったプリン

ステップ 2 ネットにものを入れます。

ステップ 3 そのネットを土にうめます。
⋮
↓ 1ヵ月後
⋮
ステップ 4 ほり起こします。

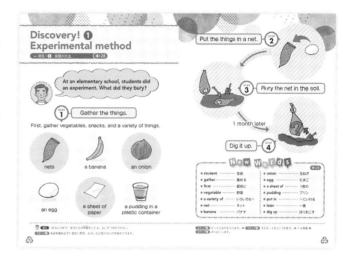

タイトル （発見！❷ 実験の結果）

サクラ

ネットの中のものはどうなったのかな？

・バナナは消えました。
・玉ねぎの中身は消えました。
・玉ねぎの皮は残っています。

・卵の中身は消えました。卵のからは、小さなかけらになりました。
・紙は変化ありませんでした。
・プリンはプラスチックよう器から消えました。よう器は変化ありませんでした。

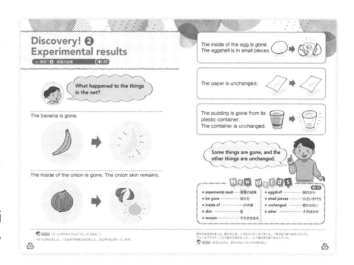

ヒロト

消えたものと、変わらなかったものがあるね。

タイトル **発見！❸ 結果について考えよう**

ヒロト

なんでいくつかのものは消えたのかな？　なんでその他のものは変わらなかったのかな？

消えたものは…▶バナナ、玉ねぎの中身、卵の中身、プリン

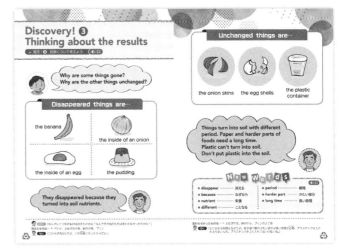

祖父

これらが消えたのは、土の栄養になったからだよ。

変わらなかったものは…▶玉ねぎの皮、卵のから、プリンのよう器

祖父

土にかえる期間もちがうよ。紙や食べ物のかたい部分は長い時間が必要（ひつよう）なんだ。プラスチックは土にかえらないよ。プラスチックを土に入れてはいけないね。

タイトル **給食の食べ残しについて考えよう**

祖父

給食の食べ残しを土の栄養（養分（ようぶん））にして使っているところもあるよ。

①給食の食べ残しを回しゅうする。
②食べ残しを土の栄養（えいよう）（ひりょう）にする。
③農家の人は、野菜にそのひりょうを使う。
④私たちは給食でその野菜を食べる。

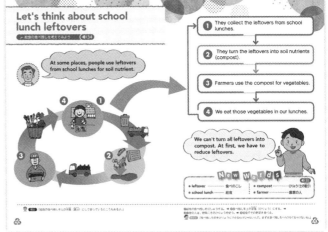

ヒロト

食べ残し全部をひりょうにできるわけじゃないんだ。まずは、食べ残しをへらさなくちゃけないね。

タイトル **江戸時代のごみ**

祖父

江戸時代の人は、ごみをへらすように取り組んでいたんだよ。
人々は、うんちを畑のひりょうにしていたよ。

祖父

江戸時代の人は、こわれたものを簡単にはすてなかったよ。
人々は、修理をして、長く使っていたんだ。

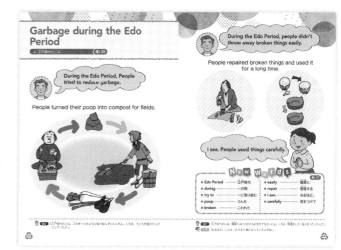

サクラ

なるほど。人々は、ものを大事にしていたんだね。

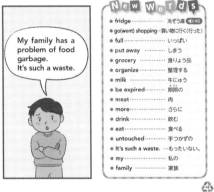

48-49 ページ　タイトル　冷ぞう庫のなかの食品ごみ

1コマ目

ナレーション

ヒロトはお母さんと買いものに行きました。彼らは、食品を冷ぞう庫に入れようとしましたが、冷ぞう庫はいっぱいです。

ヒロト

食りょう品をしまえないね。

母

整理しましょう。

2コマ目

ナレーション

牛にゅうは期限切れです。冷ぞう庫にはまだお肉があるのに、さらにお肉を買ってしまいました。

ヒロト

これは、飲めないね。

母

全部は食べられないわね。

3コマ目

ナレーション

たくさんの手つかずのままのごみをすてなくてはいけません。

ヒロト

すてないといけないね。

母

もったいないわ。

4コマ目

ヒロト

ぼくの家族には、食品ごみの問題があるね。もったいないな。

タイトル 「食品ロス」の問題

ヒロト

写真をみてみよう。こんなにたくさんの食品をすててるんだね。

・未開ふうの食品
・野菜やくだもの

コラム 「食品ロス」ってなに？

写真では、手つかずの食べものや未開ふうの食べものを見つけることができますね。

およそ50の家庭が2日間でこの食べものをすてました。

このような食品ごみは「食品ロス」と言われています。

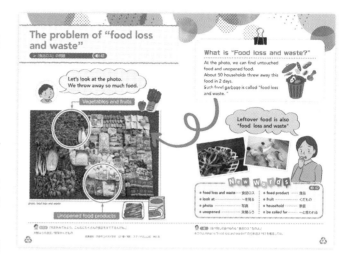

母

食べ残しの食べものも"食品ロス"なのよ。

タイトル どのくらいの食品をむだにしているの？

ヒロト

どれくらいの食べものをすてているんだろう？
グラフを見てみよう。

日本の食品ロス量のデータ
2018年 643万トン
（家庭291万トン／会社やレストラン
　352万トン）

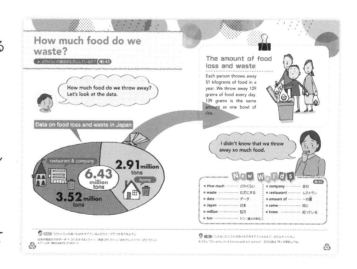

母

こんなにたくさんの食べものをすてているなんて、知らなかったわ。

54-55 ページ

タイトル 食品ロスはなぜ出てしまうんだろう？

母

食品ロスの理由を考えてみましょう。

お店で

・買いすぎちゃう。
・持っているもの（びちく品）を忘れて、同じものを買っちゃう。

家で

・食べきれなくて、食べ残しちゃう。
・食べものを放置して、傷んでしまう。
・使いかけの食品をすててしまう。

ヒロト

食品ロスについて、家でもお店でも考えなければいけないね。

56-57 ページ

タイトル 食品ロスはどうやってへらせるのかな？

ヒロト

食品ロスはどうやってへらせるのかな？
アイデアを考えてみよう。

お店で

①買い物前に、冷ぞう庫にあるものを調べよう。
②必要な分だけ買おう。

学校で

食べれる分だけよそおう。

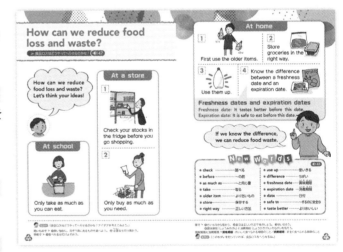

家で

①古いものから使おう。　②食品は正しい方法で保存しよう。
③使い切ろう。　　　　　④賞味期限(しょうみきげん)と消費期限(しょうひきげん)のちがいを知ろう。

賞味期限と消費期限 ▶ **賞味期限 (しょうみきげん)**: おいしく食べられる期限のこと
　　　　　　　　　　　　　 消費期限 (しょうひきげん): 安全に食べられる期限のこと

ヒロト

このちがいを知っていれば、食品ロスをへらせるね。

ごみ問題を知る英単語108

この本にでてきたごみ問題やリデュースについて108個の英単語を集めたよ。
1. 音声を聞いて声に出してみよう
2. 日本語をみて、英語を考えてみよう
3. 英語をみて、日本語の意味を考えてみよう

※ダウンロード音声のトラックとの対応は、裏ページに書いてあります。

このページはコピーして使うこともできます。

ふろく

1 animal ▶▶ ストーリー 1	**6** become ▶▶ ストーリー 1
2 ash ▶▶ ストーリー 2	**7** blow ▶▶ ストーリー 1
3 ask ▶▶ ストーリー 2	**8** book ▶▶ ストーリー 2
4 be expired ▶▶ ストーリー 4	**9** bring ▶▶ ストーリー 1
5 be gone ▶▶ ストーリー 3	**10** broken ▶▶ ストーリー 3

音声トラックと単語の対応は次の通りです。

6
〜になる
▶▶ ストーリー 1

1
動物
▶▶ ストーリー 1

7
飛ばす
▶▶ ストーリー 1

2
灰（はい）
▶▶ ストーリー 2

8
本
▶▶ ストーリー 2

3
質問（しつもん）する
▶▶ ストーリー 2

9
持ってくる
▶▶ ストーリー 1

4
期限（きげん）の切れた
▶▶ ストーリー 4

10
こわれた
▶▶ ストーリー 3

5
消えた
▶▶ ストーリー 3

11 burnable garbage ▶▶ ストーリー 2	**18** clean up ▶▶ ストーリー 2, 3
12 bury ▶▶ ストーリー 2, 3	**19** cleanup ▶▶ ストーリー 1
13 buy ▶▶ ストーリー 2, 4	**20** collection ▶▶ ストーリー 2
14 carry back ▶▶ ストーリー 1	**21** compost ▶▶ ストーリー 3
15 carry to ▶▶ ストーリー 1	**22** data ▶▶ ストーリー 4
16 check ▶▶ ストーリー 4	**23** date ▶▶ ストーリー 4
17 cigarette ▶▶ ストーリー 1	**24** dig up ▶▶ ストーリー 3

25 disappear ▶▶ ストーリー 3	**32** environment ▶▶ ストーリー 1
26 discovery ▶▶ ストーリー 3	**33** exchange ▶▶ ストーリー 2
27 disposal item ▶▶ ストーリー 1	**34** experiment ▶▶ ストーリー 3
28 drink ▶▶ ストーリー 4	**35** expiration date ▶▶ ストーリー 4
29 eat ▶▶ ストーリー 1, 4	**36** explain ▶▶ ストーリー 3
30 Edo Period ▶▶ ストーリー 3	**37** fall into ▶▶ ストーリー 1
31 elementary school ▶▶ ストーリー 3	**38** family ▶▶ ストーリー 4

39 farmer	**46** food
▶▶ ストーリー 3	▶▶ ストーリー 1
40 field	**47** food scrap
▶▶ ストーリー 3	▶▶ ストーリー 3
41 find	**48** food loss and waste
▶▶ ストーリー 1	▶▶ ストーリー 4
42 find out	**49** freshness date
▶▶ ストーリー 1	▶▶ ストーリー 4
43 finish	**50** fridge
▶▶ ストーリー 2, 3	▶▶ ストーリー 4
44 fish	**51** fruit
▶▶ ストーリー 1	▶▶ ストーリー 4
45 flower	**52** garbage
▶▶ ストーリー 1	▶▶ ストーリー 1, 2, 3, 4

53 garbage bag ▶▶ ストーリー 1	**60** help ▶▶ ストーリー 2, 3
54 gather ▶▶ ストーリー 3	**61** home ▶▶ ストーリー 1, 4
55 get full ▶▶ ストーリー 2	**62** household ▶▶ ストーリー 2
56 go ▶▶ ストーリー 2	**63** idea ▶▶ ストーリー 1, 2, 4
57 go bad ▶▶ ストーリー 4	**64** incineration ▶▶ ストーリー 2
58 go shopping ▶▶ ストーリー 4	**65** incineration plant ▶▶ ストーリー 2
59 grocery ▶▶ ストーリー 4	**66** information ▶▶ ストーリー 2

60 手伝う ▶▶ ストーリー 2, 3	53 ごみぶくろ ▶▶ ストーリー 1
61 家 ▶▶ ストーリー 1, 4	54 集める ▶▶ ストーリー 3
62 家庭 ▶▶ ストーリー 2	55 いっぱいになる ▶▶ ストーリー 2
63 アイデア ▶▶ ストーリー 1, 2, 4	56 行く ▶▶ ストーリー 2
64 しょうきゃく ▶▶ ストーリー 2	57 悪くなる ▶▶ ストーリー 4
65 しょうきゃく場 ▶▶ ストーリー 2	58 買いものに行く ▶▶ ストーリー 4
66 情報（じょうほう） ▶▶ ストーリー 2	59 食りょう品 ▶▶ ストーリー 4

67 know	74 mess
▶▶ ストーリー 4	▶▶ ストーリー 2
68 landfill	75 mountain
▶▶ ストーリー 2	▶▶ ストーリー 1
69 leave	76 necessity
▶▶ ストーリー 1	▶▶ ストーリー 1, 2
70 leftover	77 non-burnable garbage
▶▶ ストーリー 3, 4	▶▶ ストーリー 2
71 limited	78 nutrient
▶▶ ストーリー 2	▶▶ ストーリー 3
72 litter	79 overpackaging
▶▶ ストーリー 1	▶▶ ストーリー 2
73 lost item	80 photo
▶▶ ストーリー 1	▶▶ ストーリー 4

81 pick up ▶▶ストーリー1	**88** river ▶▶ストーリー1
82 plastic bag ▶▶ストーリー1, 2	**89** school lunch ▶▶ストーリー3
83 plastic bottle ▶▶ストーリー1	**90** sea ▶▶ストーリー1
84 plastic container ▶▶ストーリー1, 3	**91** sea turtle ▶▶ストーリー1
85 problem ▶▶ストーリー3	**92** see ▶▶ストーリー1, 3
86 repair ▶▶ストーリー3	**93** soil ▶▶ストーリー3
87 reduce ▶▶ストーリー1, 2, 3, 4	**94** take good care of ▶▶ストーリー2

88 川	81 拾う
▶▶ ストーリー 1	▶▶ ストーリー 1

89 給食 きゅうしょく	82 ビニールぶくろ
▶▶ ストーリー 3	▶▶ ストーリー 1, 2

90 海	83 ペットボトル
▶▶ ストーリー 1	▶▶ ストーリー 1

91 ウミガメ	84 プラスチック 容器 ようき
▶▶ ストーリー 1	▶▶ ストーリー 1, 3

92 見る	85 問題
▶▶ ストーリー 1, 3	▶▶ ストーリー 3

93 土	86 修理する しゅうり
▶▶ ストーリー 3	▶▶ ストーリー 3

94 大切にする	87 減らす
▶▶ ストーリー 2	▶▶ ストーリー 1, 2, 3, 4

95 **thing**	102 **unopened**
▶▶ストーリー 1, 2, 3, 4	▶▶ストーリー 4

96 **think**	103 **untouched**
▶▶ストーリー 1, 2, 3, 4	▶▶ストーリー 4

97 **throw away**	104 **use**
▶▶ストーリー 2, 3, 4	▶▶ストーリー 1, 2, 3, 4

98 **trash can**	105 **use up**
▶▶ストーリー 3	▶▶ストーリー 4

99 **try to**	106 **vegetable**
▶▶ストーリー 3, 4	▶▶ストーリー 3

100 **turn into**	107 **volunteer**
▶▶ストーリー 2, 3	▶▶ストーリー 1

101 **unchanged**	108 **wind**
▶▶ストーリー 3	▶▶ストーリー 1